une aventure d'Arsène Lapin

http://www.casterman.com

Dépôt légal : Mars 2002.D. 2002/0053/116

ce livre appartient à

Pierre Coran - Mérel

Diablotin a disparu

casterman

Dans la clairière, des scouts sont venus camper.
Ils sont repartis en oubliant un livre.
Arsène Lapin l'a trouvé et emporté chez lui.
Quel alphabet bizarre ! Chaque lettre est remplacée par des points et des traits.
C'est un alphabet morse ! Sur une ardoise, Arsène a écrit :

S O S

... --- ...

Toute la forêt connaît déjà le signal
"Au secours !"
Cet après-midi, les piverts le répètent.
Pour un point, un coup bref !
Pour un trait, un coup long !

Soudain le téléphone grelotte.
-Allô ! crie Arsène dans la coquille d'escargot.
-S.O.S., S.O.S., S.O.S., S.O.S., Diablotin a disparu !
Je répète : Diablotin a disparu...
C'est la voix de la hulotte de garde.
-Message reçu 5 sur 5. Terminé ! répond Arsène.

Les piverts ont tout entendu. De tronc en tronc, ils transmettent le signal. Trois coups brefs ! Trois coups longs ! Trois coups brefs !
Les habitants de la forêt ont compris le message. Tous se hâtent vers le terrier d'Arsène Lapin.

Dans la clairière, la famille du petit lapin perdu est très entourée. La mère explique :
- Diablotin court partout. Il n'a peur de rien ! Mais jamais il ne s'absente longtemps.
- Il est parti juste avant le déjeuner ! dit une soeur.
Un des frères dit en ronchonnant :
- Il n'a même pas râpé les carottes avec nous !
- Nous l'avons cherché partout ! ajoute le père. Pas la moindre trace ! Alors, on a donné l'alerte.
- Tréflebleu ! Cette affaire est un mystère ! dit Arsène.

À ce moment, un lièvre surgit, essoufflé, et annonce :
- Je... je l'ai retrouvé !... Il est vivant mais pris... prisonnier d'un piège dans la vallée des fougères.
- Allons-y ! décide Arsène.

Diablotin est allongé entre deux fougères.
Un fil de cuivre lui enserre une patte.
Près de là, trois autres pièges ont été découverts.
-Ce lapereau a eu de la chance ! estime Arsène.
Il aurait pu avoir le collet autour du cou.
-Que faisait-il par ici ? s'inquiète la mère.
-Il a dû suivre un levraut ! dit le lièvre.
Avec le bec, une pie détend le fil, doucement.
Très doucement, elle libère la patte qui saigne.

Déjà, des loutres ramènent le blessé sur un radeau de branches. Diablotin se tait, il a eu très peur. Le long de la rivière, les curieux se pressent.

-Attention ! crie Arsène. La vallée des fougères est piégée. Que tous les lapins se rendent sous l'arbre creux ! Nous avons à parler.

Diablotin dort.

Arsène lui a donné trois cuillerées de miel de tilleul. Il a enduit la plaie de pommade de thym. Puis il a fait un pansement avec une feuille de chou.

Sous l'arbre creux, la tribu des longues oreilles discute à voix basse. Personne ne sait que faire! Même Arsène ne trouve pas de solution. Beaucoup de lapins sont découragés. Que peuvent-ils contre un braconnier?

Arsène a besoin de réfléchir.
Hop ! il se place en équilibre sur la tête.
La tribu se tait. Elle attend.
Le temps passe. Arsène ne bouge pas.
Soudain, il ouvre un œil et soupire :
-Ouf !... J'ai une idée.

Le jour se lève ... Devant la maison du garde-chasse, Arsène est juché sur un tonneau à fleurs. Il regarde prudemment par la fenêtre. Le chien Virgile dort près du feu éteint. Pas un bruit ! Le garde et sa femme sont encore au lit. Tout va bien. Arsène agite un mouchoir blanc.

Aussitôt, quatre lapins sortent de l'abri de jardin. Chacun d'eux emporte un gros animal en peluche : un lapin, un chat, un ours, un panda.
Le reste de la tribu suit avec des billes, des balles, des boules, des poupées, des autos, un hélicoptère... Un écureuil murmure, éberlué :
- Où filent-ils avec les jouets de la fille du garde ?

Les lapins se sont éloignés. De l'abri de jardin jusqu'à la forêt, ils ont semé tout un tas de jouets.
Brusquement, Arsène se met à griffer la fenêtre. Il miaule, souffle comme un chat en colère.
Virgile s'éveille, bondit, aboie. La maison s'éclaire. Vite, vite, vite, Arsène court se cacher.

La porte s'ouvre. Virgile s'élance, grogne, montre les dents. Puis il renifle les jouets, un à un.
Le garde apparaît. Il aperçoit les jouets dispersés.
-Sans Virgile, s'écrie-t-il, nous étions cambriolés. Mais nom d'un chien, ces voleurs

n'iront pas loin !
Jouet après jouet, Virgile traverse la forêt.
Le garde-chasse marche derrière son chien sans savoir où il va.
Arsène les suit de loin. Il n'est pas déçu. Son plan est bon. Tout se déroule comme prévu. Voilà déjà la vallée des fougères !

Tout à coup, Virgile bondit. Son maître s'arrête. Ce qu'il aperçoit est extraordinaire ! Dans quatre collets, quatre animaux en peluche sont pris au piège. Le garde reconnaît le lapin, le chat, l'ours et le panda de sa fille. Il ne comprend pas comment les jouets sont arrivés là.

-Pour les jouets, on verra après, grogne-t-il. Le plus important est d'attendre le braconnier. Tôt ou tard, il va se montrer.

Diablotin va mieux. Sous l'arbre creux,
la tribu des longues oreilles est de nouveau
au complet.

-Mission remplie ! dit Arsène. Cette affaire n'est plus une affaire de lapins. Que Virgile et son maître se débrouillent !

A ce moment , un pivert téléphone, affolé :
- Arsène ? Tu as oublié de déposer ta carte de visite !
- Envoie-la en morse ! dit gaiement Arsène.
Le maître de Virgile est un ancien scout.
Des coups brefs, des coups longs...
Dans sa cachette, le garde-chasse écoute le message du pivert avec attention. Il sourit.
Pour les jouets, il a maintenant tout compris.

Alphabet Morse

a	•—	n	—•
b	—•••	o	———
c	—•—•	p	•——•
d	—••	q	——•—
e	•	r	•—•
f	••—•	s	•••
g	——•	t	—
h	••••	u	••—
i	••	v	•••—
j	•———	w	•——
K	—•—	x	—••—
L	•—••	y	—•——
m	——	z	——••

Imprimé en Italie.